Archetypische Reise

durch den Tierkreis

Ein Einweihungsweg

© Sylvia Kelber 2007

Herstellung und Verlag:
Books on Demand GmbH, Norderstedt

ISBN:978-3-8334-9670-7

Umschlaggestaltung: Roland Rieß
Alle Grafiken: Galina Iwanowa

Archetypische Reise durch den Tierkreis

Einführung

Der Begriff „Archetyp" wurde geprägt von Carl Gustav Jung und damit ist ein tiefes, inneres Seelenbild gemeint. Es gibt viele Archetypen, die seit Jahrhunderten in den Menschen schlummern. Doch es handelt sich zu allen Zeiten und in allen Kulturen bei den Menschen immer um die gleichen Bilder, die in den Tiefen unserer Seelen wirken. Zugang zu diesen Bildern bekommen wir laut C.G. Jung über das sogenannte *kollektive Unbewusste*. Es verbindet die Menschen aller Zeiten, Kulturen und Länder. Jeder Mensch trägt also durch die Verbindung zum kollektiven Unbewussten die archetypischen Bilder in sich.

Diese Abhandlung führt durch den astrologischen Tierkreis. Er besteht seit Alters her aus zwölf Tierkreiszeichen und diese sind ebenfalls Archetypen, die im Menschen wirken, ganz unabhängig davon, ob dieser astrologische Kenntnisse besitzt oder nicht.

Jeder Mensch trägt tief in seiner Seele verborgen den gesamten Tierkreis, völlig unabhängig vom individuellen Horoskop. Das persönliche Horoskop eines jeden ist hier nicht von Bedeutung. Wir machen uns alle auf eine Reise, die jeder Mensch auf der Suche nach Ganzheit in seiner Seele geht.

Das Leben des Menschen gleicht einer Reise (bewusst oder unbewusst), oder einem Einweihungsweg, auf dem er sich mit den einzelnen Qualitäten der Tierkreiszeichen auseinandersetzt, daran reift und deren Energie mehr und mehr integriert.

Die Sonne durchschreitet den Tierkreis im Laufe eines Jahres. Die Sonne soll uns in diesem Vortrag als Symbol des Menschen auf seiner Reise dienen. Sie stellt den Helden dar, der sich aufmacht, wie das auch tausende Male in den Märchen beschrieben wurde, um am Schluss die Prinzessin zu heiraten, was nichts anderes bedeutet, als die Rückkehr zur Ganzheit, und die Vereinigung der Gegensätze erlangt zu haben.
Wenn in diesem Zusammenhang von der SEELE die Rede ist, so ist damit jener unsterbliche, göttliche Anteil im Menschen gemeint, den wir letztlich alle auf unserer

Reise zu erlangen suchen. Im Gegensatz dazu steht der Begriff PERSÖNLICHKEIT hier für den unbewussten Egoanteil im Menschen, der nichts von seiner göttlichen Rückbindung weiß.

Das astrologische Weltbild – so wie wir es noch heute in der abendländischen Kultur kennen – ist vor ca. 5000 Jahren im sumerisch-babylonischen Kulturkreis im Zweistromland entstanden.
Aufgrund ihres hohen Alters kann man die Astrologie mit Recht die „Königin der Wissenschaften" nennen, denn noch heute bezieht sich seriöse und fundierte Astrologie in ihren Grundaussagen auf diese Kultur.

Das astrologische Weltbild ist nicht starr und fixierend, vielmehr sieht es das Leben als kreisförmige oder genauer als spiral-förmige Bewegung an, in ständiger Entwicklung begriffen.

Eine solche kreisförmige sich entwickelnde Bewegung ist in den zwölf Abschnitten des Tierkreises enthalten.
Neben vielen anderen Möglichkeiten der Interpretation wird der Tierkreis hier als ein Entwicklungsweg dargestellt.

Dabei gehe ich von der **symbolischen** Vorstellung aus, ein Mensch würde im Widder, dem Beginn des Kreises geboren und durchliefe im Laufe eines Lebens den gesamten Tierkreis einmal rund herum und käme als alter und reifer Mensch in den Fischen an.

Dass dies natürlich nur eine Fiktion – oder mir wäre es lieber zu sagen: ein Symbol – sein kann, liegt auf der Hand. Natürlich braucht die Menschheit, um vom Stadium des Neandertalers bis zum reifen und voll entwickelten Seelenmenschen zu gelangen, Jahrhunderte, ja Jahrtausende lang. Dennoch wird sie im Laufe dieser seiner Zeit einen Entwicklungsweg beschreiten und sich mit den zwölf Energien des Tierkreises auseinandersetzen.

Wenn ich nun diesen Gang durch den Tierkreis beschreibe, so stelle ich die Tierkreiszeichen als zwölf Archetypen oder Urprinzipien dar. Keiner von uns lebt diese Prinzipien in Reinform, aber jeder hat mehrere unterschiedliche Anteile dieser Prinzipien in seinem individuellen Horoskop, die er mehr oder weniger reif durch sein Leben zum Ausdruck bringt. Kein Mensch ist ausschließlich Widder, Stier, Zwilling, usw., vielmehr hat jeder

Mensch in den unterschiedlichen Zeichen seine ganz individuellen Betonungen, somit hat er unterschiedliche Anteile an diesen archetypischen Kräften, die in einer genauen Horoskopanalyse herausgearbeitet und somit bewusst gemacht werden können.

Wichtig ist, hierbei noch zu betonen, dass ich keinesfalls zum Ausdruck bringen will, jeder Mensch mit einer Widder- Stier- oder Zwillingsbetonung sei noch ganz am Anfang seiner Entwicklung und wiederum andere mit Fischebetonung seien bereits voll entwickelte Seelenmenschen.
Jeder Mensch wird unzählige Male immer wieder mit den einzelnen Energien und Kräften der zwölf Archetypen konfrontiert werden und diese somit jeweils immer reifer – in der Astrologie spricht man von „erlöster" – zum Ausdruck bringen. Somit kann ein Mensch mit einer Betonung in den Zeichen am Anfang des Tierkreises durchaus reifer und erfahrener sein – sprich seiner individuellen Seele bereits näher sein – als ein anderer, der möglicherweise Betonungen in den Tierkreiszeichen am Ende des Kreises aufweist.

Der Tierkreis besteht aus **zwölf** Tierkreis-zeichen. Das ist keinesfalls eine zufällig zustande gekommene Zahl. Seit es Kultur gibt, galt die Zahl zwölf als heilig, da sie immer ein Symbol für Ganzheit darstellte.

Auch heute noch begegnet uns diese Zahl in der Anzahl der Monate, die ein Jahr ganz machen. Der Begriff *„ein Dutzend"* war unabhängig vom Dezimalsystem lange Zeit gebräuchlich.

Auch die Zahl sechs, also die Hälfte der zwölf, galt im alten Babylon als heilig. Noch heute baut unsere gesamte Zeiteinteilung darauf auf, denn eine Minute sind 60 Sekunden, eine Stunde hat 60 Minuten und ein Tag wiederum, bestehend aus der Tag- und der Nachthälfte, hat zweimal zwölf Stunden.

Jesus hatte zwölf Apostel. Das ist mit Sicherheit keine historische Angabe, sondern soll zum Ausdruck bringen, dass es sich hier wiederum um eine vollendete Ganzheit handelte.

Und jeder kennt die Geschichte vom zwölfjährigen Jesus im Tempel, der den alten und ehrwürdigen Schriftgelehrten, die sich ihr Leben lang mit der Heiligen Schrift auseinandergesetzt haben, diese auf eine ganz neue Art und Weise darlegt. Auch diese Geschichte soll nicht historisch verstanden werden, vielmehr wird in der Altersangabe *zwölf* zum Ausdruck gebracht, dass Jesus die Ganzheit erreicht hat, also eine vollständige Reife. Und aufgrund dessen hat er den Schriftgelehrten etwas voraus und diese können von ihm lernen.

Soviel zur Einführung.

Beginnen wir nun mit der symbolischen Darstellung des Einweihungsweges des Menschen auf dem Weg zu seiner Ganzheit in der Sprache der Astrologie. Dabei soll die Sonne in ihrem Gang durch die zwölf Tierkreiszeichen im Laufe eines Jahres als Symbol des Menschen stehen, der sich aufmacht, um den Umgang mit diesen zwölf Energien zu erlernen und dabei zu seiner Seelenintegration zu gelangen, oder mit anderen Worten, die Einheit wieder zu erlangen, aus der wir alle kommen und hier in dieser Welt verloren haben.
Wie der Held im Märchen, der sich aufmacht, viele Prüfungen besteht, um schlussendlich die Prinzessin – hier ein Sinnbild für die Seele – zu heiraten und damit zu seiner eigentlichen Ganzheit zurückzufinden.

Widder

Das astrologische Jahr beginnt mit dem Eintritt der Sonne in das Tierkreiszeichen Widder exakt zur Tag- und Nachtgleiche um den 21. März. Dieser astrologische Beginn geht einher mit dem Frühlingsanfang. Ein neuer Zyklus beginnt in der Natur nach dem langen Winter, in dem kein Leben im Außen sichtbar war.

Stellen Sie sich die Natur um diese Jahreszeit vor. Da ist eine enorme Kraft zu spüren, ein Aufkeimen, ein In-die-Welt-hinein-gehen, voller Energie und ohne einen Blick zurück, da man auf keiner Vergangenheit aufbauen kann.

Ebenso kommt der Mensch auf seinem Einweihungsweg als Widder in die Welt wie ein Neugeborener voller Elan und Begeisterung, ohne eine belastende Vergangenheit. Er lebt ganz aus seinen Trieben und seinem Instinktleben heraus und zeigt der Welt: „Hoppla! Da bin ich!"

Sein ganzes Ziel ist es nun, sich die Welt zu erobern, ganz selbstverständlich, ohne zu hinterfragen.

Haben Sie schon einmal das Hervortreten von Frühlingsblühern, z.B. Osterglocken beobachtet? Manchmal durchstoßen sie

mit ihrer Kraft direkt alte Blätter, die noch aus dem zurückliegenden Herbst auf den Beeten liegen.

Das ist Widder!

Volle Kraft voraus, ohne Rück-Sicht, schnell, spontan und mit großer Energie.
Im Widder steckt die Kraft von Aufbruch, Beginn und Initiative. Ein Sich-ausleben-wollen und Verwirklichen. Vor nichts scheut er sich, auch blickt nicht zurück, denn er hat weder Vergangenheit noch Geschichte.
Das Symbol des Widders zeigt dies in aller Deutlichkeit: ein männliches Schaf, das die Hörner senkt und im Sturm erobert.

Menschheitsgeschichtlich entspricht das der Zeit der Jäger und Sammler. Sie mussten immer flexibel sein, waren ständig unterwegs, und bestimmt von einem Überlebenskampf. Ihre Angriffs- und Verteidigungskräfte waren für sie die wichtigsten Attribute in der Welt. So weist ein klassischer Widder auch heute ein starkes Durchsetzungsvermögen und Wettbewerbsfähigkeit auf. Es sind energievolle, direkte und impulsive Menschen mit einem instinktiven Selbstbehauptungstrieb. Ihre vitale Energie will immer neues Erobern, nicht etwa, um das Eroberte dann zu genießen und zu bewahren – das ist später die Aufgabe des Stiers – es geht vielmehr um das Erobern an sich.

Der Widder liebt immer neue Herausforderungen und geht dabei oft ohne Rücksicht auf andere einfach drauf los.

Dennoch ist er fair und direkt, er will seine Kampfkraft offen zur Schau stellen, mutig und aufrichtig. Intrigen und Hintergründiges sind ihm fremd. Er weiß, was er will und greift sofort zu.

Dabei liebt er Unabhängigkeit und Ungebundenheit, nichts verabscheut er mehr als Stillstand.

Dieser eben erst neu in die Welt gestürmte Mensch muss auf diese Weise erst eine eigene Identität entwickeln. Das geschieht durch ein Messen der Kräfte, es zeigt ihm, dass er wirklich IST und führt zu der Erkenntnis: „Das bin ich!"

Dass diese ungestüme, geballte power anderen oft zum Problem werden kann, ist sicher einsichtig. Auch besteht die Gefahr, dass der Widder nichts zu Ende bringt, da seine Begeisterung leicht in einem Strohfeuer verbrennt.

Von seiner Seele weiß er in diesem Stadium noch nichts. Jetzt geht es nur um das Kräfte-Erproben in der physischen Welt. Metaphysisches ist ihm fremd.

Stier

Dann kommt der Mensch auf seinem Entwicklungsweg in die Phase des Stiers. Die Sonne hat mittlerweile eine Strecke von 30° zurückgelegt.

Stellen Sie sich hier zunächst einmal einen wunderschönen, sonnigen Tag im Mai vor. Alles blüht, die Bienen summen, die harten Konturen, die der Winter in der Natur zurückgelassen hatte, werden alle wieder weich und üppig. Es ist ein einziges Wachsen und Gedeihen. Die Saat, die in ihren Trieben aufgekeimt ist, verkrallt sich mit ihrer Wurzelbildung im Erdreich.
Das entspricht dem Thema des Stiers: Mit allen Sinnen hinausgehen in die Materie und sich diese einverleiben.

Dabei ist jetzt – nach der Phase des Aufbruchs und des Kampfes – Konsolidierung und Absicherung des Eroberten wichtig.

Wir kommen menschheitsgeschichtlich in die Phase der Viehzüchter und Ackerbauer. Das ständige Umherziehen wird zugunsten von Sesshaftigkeit aufgegeben. Im Stier nun hat der Mensch die Ruhe, sich niederzulassen.

Der erworbene Besitz wird eingegrenzt und gegenüber anderen abgewehrt. Nun spielen Sicherheit und Geborgenheit in einer Gruppe eine große Rolle.
Ein Stier ist ganz auf das Physisch-stoffliche ausgerichtet, er braucht festen Boden unter den Füßen und materielle Sicherheit. Alle vorgegebenen Dinge will er verwerten und ausbauen. Sein Denken ist qualitätsorientiert, zugleich liebt er alles Schöne und verfügt über einen guten Geschmack.
Der Widder erobert, der Stier verwaltet.
Dazu hilft ihm sein praktischer Realismus und sein gesunder Menschenverstand.
Während der Widder noch erforschen, ausprobieren und sich fortbewegen wollte, will der Stier bewahren und genießen im Kreise anderer.
Er ist der Heger und Pfleger, der Bewahrer von Tradition, der Garant für Beständigkeit.
Sein Ziel ist es, etwas Greifbares in der Welt zu erschaffen.

Die Gefahr bei diesem Zeichen liegt darin, nicht loslassen zu können, in einen gewissen Starrsinn und eine Unbeweglichkeit zu verfallen. Was man sich einmal einverleibt hat, will man nicht wieder hergeben. Das geht einher mit einer Furcht vor Veränderung und Angst vor allem Ungewohntem, daher rührt auch ein möglicher Mangel an Flexibilität. Manchmal fehlt es ihm an Leichtigkeit.

Somit hat sich unser Held in der ersten Phase der Entwicklung eine Identität durch das Messen seiner Kräfte geschaffen, im zweiten Stadium hat er sich Besitz, Werte, ein Revier erworben und sich in der Welt der Materie mit dieser umgeben. Auch hier geht es ihm noch nicht um die Seele im nicht-sichtbaren Bereich, was zählt, ist sinnlich wahrnehmbar. Er will nicht im Geist, sondern im Körper leben.

Zwillinge

Nun geht der Mensch auf seinem Lebensweg weiter in die Phase der Zwillinge.

Wieder dient der Blick in die Natur um diese Zeit, wenn die Sonne in den Zwillingen steht, zum besseren Verständnis. Die Pflanzen differenzieren sich. Feine Untergliederungen werden erkennbar. Befruchtung findet statt. Dazu sind zwei Pole – ein männlicher und ein weiblicher – nötig. Diese Polarität kommt auch im Zeichen der Zwillinge, der **Zwei**, zum Ausdruck.

Nachdem der Mensch im Widder seine Identität entdeckt und im Stier sein Revier abgesteckt hat, geht es nun darum, die Erlebnissphäre auszuweiten. Der Zwilling ist geprägt von großer Neugier und enormem Wissensdrang. Beinahe alles interessiert ihn. Dabei macht er nun erstmals die Erfahrung von Gegensätzen, die er gedanklich mit großer Offenheit durchaus nebeneinander stehenlassen kann. Somit erlebt er, dass er in eine Welt der Dualitäten hineingeboren ist, ohne diese zu bewerten. Es gibt Licht und Schatten, oben und unten, das Ich und die anderen, mit denen man in Kommunikation, in Austausch treten kann.

Der Zwilling erobert sich die Welt des Denkens auf unvoreingenommene Weise. Er entwickelt seine rationalen Fähigkeiten, sprachliche Kompetenz, seinen Intellekt.

Mit großer Wissbegier und zugleich Unverbindlichkeit geht er in die Welt hinaus, holt alle erfassbaren Informationen ein, will ständig Neues entdecken. Immer der neueste Stand der Dinge ist ihm wichtig und er liebt es, sich darüber zu unterhalten, Meinungen auszutauschen, Gegenmeinungen anzuhören. Dabei ist es ihm nicht wichtig, alle diese unterschiedlichen Meinungen in ein eigenes Gedankengebäude einordnen zu können. Mit großer Toleranz kann er die gegensätzlichsten Ansichten nebeneinander stehen lassen, was durchaus manchmal den Eindruck von Oberflächlichkeit und Mangel an Tiefgang erwecken kann.

Während der Mensch im Widderstadium Sicherheit aus dem Erobern an sich gewonnen hat, der Stier diese dann in der Konsolidierung und im Sich-Aneignen gefunden hat, so findet der Zwilling seine Sicherheit im Erkenntnisgewinn.

Wissen ohne die Neigung, sich zu identifizieren und immer über alles informiert zu sein, überall mitreden zu können, das bedeutet ihm Sicherheit.

Ein neutrales Begegnen mit der Außenwelt, ohne große emotionale Begeisterung oder Intensität, erst recht ohne Fanatismus.

Die Gefahr bei diesem Zeichen besteht darin, sich nie richtig festlegen zu können, sowie sich Erkenntnisse a priori anzueignen ohne einen praktischen Bezug.

Somit ist der Mensch bis hierher in Kontakt gekommen mit einer Kraft, die ihm hilft, sich im Leben, in das hinein er geworfen wurde, zu behaupten (Widder), er hat sich Besitz und Werte angeeignet (Stier) und hat nun gelernt, flexibel zu denken.

Diese Fähigkeiten sind Voraussetzungen, stabile Grundlagen, um später eine gesunde Seelenentwicklung machen zu können. Die Seele braucht eine starke und erfahrene Persönlichkeit, durch die sie sich in der Welt ausdrücken kann. Noch ist der Mensch ganz im Aufbau dieser Persönlichkeit begriffen.

Krebs

Dieser Aufbau der Persönlichkeit findet auch noch im vierten Zeichen, dem Krebs, statt. Hier geht es um die Entwicklung des Gefühls. Dies ist ein weiteres Attribut, das als Grundlage für einen voll entwickelten, reifen Menschen unabdingbar ist.

Werfen wir in unserer Vorstellung zunächst wieder einen Blick in die Natur um die Zeit der Sommersonnenwende. Die Natur ist schwanger, aus der Polarität zwischen männlich und weiblich ist etwas Neues entstanden. Tiere werden geboren, die Früchte an den Bäumen sind noch klein und brauchen Schutz. Alles, was da heranwächst, braucht Pflege und Geborgenheit, um in Ruhe wachsen zu können. Von daher ist eine mütterliche Kraft notwendig, unter deren Schutz alles wachsen und gedeihen kann.

Im Krebs, dem Zeichen der Mütterlichkeit, geht es darum, nun das, was man aus sich heraus hervorgebracht hat, zu pflegen und zu hegen, Geborgenheit zu schaffen, in der sich Wachstum entfalten kann. Der Mensch ist plötzlich nicht mehr alleine, es ist Nachwuchs da, eine Familie ist entstanden. Dieser Familie ein gefühlsmäßig

warmes Nest zu gewährleisten, das ist die Aufgabe des Krebses.

Die zahlreichen Erfahrungen und Eindrücke aus der Zwillingsphase werden jetzt verinnerlicht und gefühlsmäßig verdaut. Es wird eine Intuition entwickelt in einen Bereich hinein, wo der reine Verstand nicht mehr hinkommt. Der Krebs identifiziert sich mit seiner Umwelt und reagiert gefühlsmäßig auf sie. Die Gefühle, die dabei in ihm entstehen, sind oft chaotisch, unstrukturiert und schnell wandelbar. Alle Reize von außen müssen innerlich verarbeitet werden. Daraus entsteht ein schöpferischer Prozess mit viel Fantasie.

Ein Krebs lebt aus der Motivation heraus, die Welt zu empfinden, gefühlsmäßige Sicherheit und Geborgenheit zu bekommen und in einem reiferen Stadium dieses zu geben. Er vermag es, die unterschiedlichsten Gefühle in all ihren Schattierungen und Intensitäten wahrzunehmen. Der Krebs ist im Bereich der Gefühle zu Hause, wie vormals der Zwilling im Bereich des Denkens.
Aus diesem Grund entwickelt der Krebs eine enorme Fähigkeit des Mitgefühls, des Mitempfindens mit den anderen, woraus

seine große Hilfsbereitschaft und ein sehr liebevoller Umgang mit allem entspringt.

Eine Gefahr, die daraus entsteht, ist natürlich eine große Empfindlichkeit und Verletzlichkeit, diese kann zu einem Hang zur Inaktivität führen oder der Angst, ins Leben zu gehen und Verantwortung in der Gesellschaft außerhalb der schützenden Familie zu übernehmen.

Der Krebs setzt sich aus diesem Grund auch nicht gerne direkt oder mit logisch-rationalen Argumenten durch, vielmehr durch Nachgeben. Er hat die Fähigkeit, andere gefühlsmäßig zu manipulieren oder mit Schuldgefühlen zu operieren, um sich zu erkämpfen, was er will. Manchmal setzt er dabei auch eine geradezu umgarnende Fürsorge ein.

Da er auf kleinste Eindrücke reagiert, neigt er zu Ängsten, besitzt eine große Phantasie und seine Stimmungen gehen leicht auf und ab. Zugleich verfügt er deshalb aber auch über musische und kreativ-künstlertische Fähigkeiten.

Nachdem der Mensch nun im Widder seine instinktiven Antriebe kennengelernt hat, im Stier mit seinen physischen

Bedürfnissen konfrontiert wurde und in den Zwillingen das logische Denken geschult hat, ist er jetzt auch noch mit einem reichhaltigen Gefühlsleben ausgestattet worden.

Zugleich hat der Mensch bis hierher die Qualität aller vier Elemente kennen gelernt. Das Feuer im Widder, die Erde im Stier, die Luft in den Zwillingen und das Wasser im Krebs.

Diese vier Fähigkeiten, oder der Umgang mit diesen vier Energiequalitäten der ersten vier Tierkreiszeichen, bilden den Grundstock für eine starke Persönlichkeit, die uns nun im Löwen begegnet.

Löwe

Im Löwen hat der Mensch nun sein vorläufiges Ziel auf seinem Entwicklungs- weg erreicht. Hier haben wir die voll er- blühte Persönlichkeit vor uns. Der Löwe wird als der König der Tiere bezeichnet. Ihm wohnt eine Autorität inne, aus der heraus er lebt, und die andere an ihm instinktiv spüren und respektieren.

Der Sonnenstand im Löwemonat August beschert uns täglich 18 Sonnenstunden. Die Natur steht da in ihrer ganzen Pracht,

26

der Himmel hat die Farbe eines strahlenden Blaus, die Sonne hat ihre volle Strahlkraft und Wärme entfaltet. Intensiv leuchtet die Natur in kräftigen Farben. Alle Aufmerksamkeit ist nach außen gerichtet.

Diese nun entstandene voll entwickelte und unabhängige Persönlichkeit, der eine Erfahrung von Autonomie, Autorität und Kraft innewohnt, ist gleichzusetzen mit dem Höhepunkt der Entwicklung des Egos, der Einzelpersönlichkeit.
Der Löwe will sich uneingeschränkt und kreativ entfalten, er will die völlige Verwirklichung seiner Selbst und seiner Schaffenskraft.
Dabei hat er ein großes Bedürfnis nach Anerkennung und Bestätigung seiner Person. Er sieht sich als Mittelpunkt, als Nabel der Welt, um ihn herum soll alles kreisen. Ein klassisches Beispiel einer solchen Löwepersönlichkeit ist Ludwig XIV mit seinem berühmten Ausspruch: "L'etat, c'est moi!"

Auch im Märchen wird der Löwe symbolisiert durch den großen, großzügigen und mächtigen König, der sein Reich unter Kontrolle hat, dem alle dienen, um den herum als Mittelpunkt sich alles entfaltet.

Der Löwe will sein eigenes Zentrum spüren. Aus diesem heraus will er das Leben mit ganzem Herzen angehen und seinen Trieben und seiner Kreativität vollen Ausdruck verleihen. Seinen Selbstausdruck will der Löwe in konkretes Handeln, in die Tat umsetzen.

Schießt der Löwe über das Ziel hinaus, so kommt es zu einer Inflation des Egos. Daraus resultieren Narzissmus, Selbstüberschätzung, Herrschsucht und Maßlosigkeit. Dann haben wir es mit mehr Schein als Sein zu tun. Er kann schwer Kritik ertragen und hat das Gefühl, zu Höherem geboren zu sein.

Das Reich, in dem der Löwe, der König, die Persönlichkeit herrscht, ist ein Reich ganz und gar von dieser Welt. In diesem Stadium der Entwicklung ist es ihm noch vergönnt zu glauben, es handle sich um das einzige Reich, welches existiert, denn noch muss er sich nicht mit dem nichtsichtbaren Bereich beschäftigen.
Neben dem Machtbereich des Königs gibt es aber noch eine ganz andere, ihm unbekannte Welt. Diese wird sich nun ab dem Tierkreiszeichen „Jungfrau" ganz allmählich dem Menschen erschließen.

Jungfrau

Der Mensch auf dem Höhepunkt der Persönlichkeitsentwicklung ist sich bisher tatsächlich wie ein König vorgekommen. Alles, was er sich vorgenommen hatte, ist ihm mit Hilfe seiner, seit dem Widderstadium entwickelten Fähigkeiten gelungen. Alles schien ihm beherrschbar und er konnte souverän in seiner Welt walten. Dieser „Königsmensch" ist es gewohnt, dass man sich nach seinen Weisungen richtet. Macht, Ruhm und Erfolg sind für ihn ein Lebenselixier.

Nun aber, im Zeichen der Jungfrau, lässt die Strahlkraft der Sonne sichtbar nach, die Tage werden kürzer, manchmal ist in der Natur so etwas wie eine gewisse Melancholie zu spüren. Man richtet sich automatisch wieder etwas nach innen.

Das ist der Moment in einem Märchen, wo der König plötzlich an einer rätselhaften Krankheit leidet und kein Arzt ihm mehr helfen kann. Deshalb wird das Zeichen Jungfrau auch als Krisenzeichen gedeutet.

Die Lebenskrise setzt meist kurz nach dem Genuss des Höhepunktes der Persönlichkeit ein. Und im Märchen heißt es dann, dass nur ein fernes heiliges Wasser, ein sagenumwobener Kristall oder eine „blaue Blume" dem Siechtum des Königs ein Ende bereiten könne.

Damit tut sich nun aber erstmals ein Schimmer einer anderen Welt auf. Diese Heilmittel sind in dem Reich des Königs nicht zu finden. Also machen sich die Söhne des Königs auf, nach dem Lebenselixier zu suchen, und immer ist es der sogenannte Dumme, von dem man es am allerwenigsten erwartet hat, dessen Reise zum Erfolg führt. Woran liegt das? Vielleicht daran, dass Attribute, die in dem Reich des Königs zum Erfolg führen, in dieser anderen Welt nicht gefragt sind und nur der scheinbar „Dumme" eine Offenheit dieser Welt gegenüber in sich trägt, die ihn jedoch in der Welt des Königs als Versager erscheinen lässt.

In der Jungfrau spürt der Mensch zum ersten Mal, dass da noch etwas ganz, ganz anderes in ihm anwesend ist. Wenn die Tage im Äußeren kürzer werden, beginnt tief im Inneren der Jungfrau ein Licht aus einer anderen Dimension zu wachsen – das Licht der im Menschen aufkeimenden Seele.

Nach der Zeit der größten Selbstentfaltung sind nun Selbstbeschränkung und Anpassung an neue Bedingungen gefragt.

In dem Zeichen Jungfrau geht der Mensch mit der Seele in seinem Inneren schwanger. Eine Schwangerschaft bedeutet aber immer eine Zurücknahme seiner selbst zu Gunsten des wachsenden Lebens im Inneren.

Nun sind eine Revision und eine Umorientierung des persönlichen Willens angesagt. Der Mensch erlebt Grenzen. Das Leben verlangt von ihm Konzessionen.

Deshalb ist der Jungfraugeborene ein Mensch, der vernünftig und realistisch mit den Umweltgegebenheiten umgehen und diese nutzen kann. Die Jungfrau sieht sich in Wechselwirkung mit anderen und lernt sich den äußeren Gegebenheiten unterzuordnen. Der ungezügelte Selbstausdruck muss sich innerhalb gewisser Grenzen einpendeln.

Das Zeichen Jungfrau leitet im Tierkreis einen Wendepunkt ein. Der gesamte untere Abschnitt des Tierkreises wurde fast durchschritten. Es geht nun über in einen unbekannten Bereich. Die Aufmerksamkeit wird langsam von außen nach innen abgezogen. Die zunehmende Dunkelheit in der Natur macht Angst, das Licht im Inneren ist noch so wenig vertraut. Von daher neigt die Jungfrau sehr zu Ängsten. Sie lebt mit dem Gefühl, der feste Boden sei ihr unter den Füßen fortgezogen worden. Aus diesem Grund sagt man Jungfraugeborenen oft nach, sie wollten alles kontrollieren und seien gerne darauf aus, sich für jede nur erdenkliche Eventualität abzusichern.

Dazu gehört auch die Gesunderhaltung des Körpers. Jungfrauen haben häufig großes Interesse an Themen aus dem medizinischen und heilerischen Bereich im weitesten Sinn, denn die Seele soll in einem gesunden Körper heranwachsen können.

Waage

Der Sommer geht nun in der Waage endgültig zur Neige und wir sind an dem Punkt der zweiten Tag- und Nachtgleiche angekommen. Nachdem das Licht der Sonne für ein halbes Jahr lang stärker war als die Nacht, wird nun für Ausgleich gesorgt.
Ausgleich, das ist der wichtigste Begriff für die Waage.
Herrmann Hesse drückt das so aus:

Jede Blüte will zur Frucht,
Jeder Morgen Abend werden.
Ewiges ist nicht auf Erden
Als der Wandel, als die Flucht.

Auch der schönste Sommer will
Einmal Herbst und Welke spüren.
Halte, Blatt, geduldig still,
Wenn der Wind dich will entführen.

Spiel dein Spiel und wehr dich nicht,
Lass es still geschehen.
Lass vom Winde, der dich bricht,
Dich nach Hause wehen.

Gebrochen vom Winde wird hier die Vorherrschaft der Persönlichkeit. Nach Hause wehen, heißt ins Reich der Seele.

Hier, in der Waage, sind Tag und Nacht gleich lang, Seele und Persönlichkeit im Ausgleich miteinander. Die Seele ist durch das Zeichen Jungfrau zu einem gleichberechtigten Partner innerhalb der Persönlichkeit angewachsen.

Die erste Tag- und Nachtgleiche im Widder sorgt dafür, dass etwas Neues in der äußeren Welt, in der Persönlichkeitsentwicklung geschehen kann. Nun nach der zweiten Tag- und Nachtgleiche soll wiederum etwas Neues entstehen, diesmal im Inneren, im Bereich der Seelenentwicklung.

Der Waagemensch spürt zum ersten Mal im Tierkreis, dass es ein Gegenüber, einen Partner, gibt, auf den er sich beziehen kann und soll. Die Waage ist ausgerichtet auf Begegnung, auf ein Du, nachdem es in der Entwicklung vom Widder bis zur Jungfrau erst einmal im wesentlichen um das Ich des Menschen ging.

Waagemenschen erleben dieses Bezogensein auf den anderen Menschen im Außen. Dennoch ist damit im spirituellen Sinne die Partnerschaft zwischen Seele und Persönlichkeit gemeint. Hier beginnt die Suche nach der verlorenen Einheit, nach der Ergänzung, der zweiten Hälfte.

Waagemenschen sind von daher in der Regel kompromissfähig und harmoniebedürftig. Sie wollen Extreme ausgleichen und Gegensätze verbinden. Groß ist ihr Bedürfnis nach Kontakten, Begegnungen mit anderen Menschen oder Ideen. Sie haben einen ausgeprägten Sinn für Gerechtigkeit und lernen in dieser Bezogenheit auf den anderen, ihre egoistischen Anteile zurückzunehmen und ihre instinktmäßigen Triebe zu zügeln.

Diplomatie, Höflichkeit und kultivierte Umgangsformen sind der Waage wichtig. Sie liebt alles, was schön ist und die vollkommene ästhetische Form.

Dabei kann sie natürlich Gefahr laufen, ihre eigenen Bedürfnisse ganz hinter dem Harmoniestreben zurückzustellen. Im Gegensatz zum Widder, der ihr gegenüber liegt, kann es ihr an Durchsetzungskraft mangeln. Möglicherweise wird die äußere Form auch so sehr überbetont, dass der Inhalt zu kurz kommt. Auch Entscheidungsschwierigkeiten werden ihr nachgesagt.

So können Waage und Widder sich – wie das bei allen im Tierkreis einander gegenüberliegenden Zeichen der Fall ist – gegenseitig aus ihren Einseitigkeiten helfen.

Skorpion

Nun betritt die Sonne das Tierkreiszeichen Skorpion. Vorbei ist es mit Harmoniebedürfnis und Mäßigung. Hier werden Extreme gelebt! Alles Laue ist dem Skorpion zuwider, es geht ums Ganze, nämlich die völlige Unterordnung der Persönlichkeit unter die Vorherrschaft der Seele, was häufig aus der Sicht des Egos als Tod erlebt wird.

Auch die Natur ist ganz auf das scheinbare Sterben ausgerichtet. Die gesamte Energie in den Pflanzen zieht sich zurück, um später in einem neuen Anfang wieder hervorbrechen zu können. Aber zuvor muss das Dunkel und die Kälte des Winters, der Tod durchschritten werden. Im Skorpion geht es um das „Stirb und Werde".
Die Blätter fallen von den Bäumen, die letzte Blumenpracht fällt dem ersten Frost zum Opfer, so wie die Persönlichkeit sich hingibt zu Gunsten des Höheren. Dieser Prozess ist mit schweren Krisen und Häutungen verbunden. Der Skorpion verfolgt sein Ziel mit absoluter Ausschließlichkeit, die kein Ausweichen zulässt.

Deshalb gilt auch der Skorpion im Tierkreis als Krisenzeichen.

Im Märchen ist an dieser Stelle der Punkt erreicht, wo der Held auf seinem Weg zum Heil in eine oft scheinbar ausweglose Krise stürzt.

Hier findet der Kampf mit dem Drachen statt, hier treten Hexen und Dämonen auf, die den Helden am Fortkommen hindern wollen. Es ist der Moment, wo alles verloren scheint.

Diese Drachen, Hexen oder Dämonen sind nichts anderes als die eigenen - meist verdrängten – Anteile, die uns daran hindern wollen, das Ego aufzugeben und der Seele Raum zu lassen. Denn alles, was sich im Laufe der Entwicklung an Dunklem angesammelt hat, alles, was ins Unterbewusstsein verdrängt wurde, muss nun im Licht des Bewusstseins gereinigt oder aufgelöst werden.

Deshalb besitzt der Skorpion die größte Sensitivität für die Schattenseiten des Lebens. Bereiche, die mit Tabus belegt werden, interessieren ihn ganz besonders. Er lebt in einer ständigen inneren, oft unbewussten Konfrontation mit diesen Grenzbereichen. Der Skorpion erlebt in sich den Drang, über sich hinauszugehen, sich ganz einer Sache zu verschreiben und

sei es im Bund mit dem Teufel, wie es Dr. Faust – ein Prototyp des Skorpionmenschen – gemacht hat. Bindungen an eine Idee, die manchmal fixen Charakter annehmen kann, werden oft wesentlicher als das gelebte Leben.

So bricht die Realität immer wieder in die entwickelten fixen Ideen ein und zwingt ihn zur Korrektur. Das führt im Leben eines Skorpionmenschen zu vielen Prozessen des Loslassens und des Wandels. Es wird oft verglichen mit dem Häutungsprozess, dem Schlangen immer wieder unterliegen.

Doch auch die Schlange – ein Symbol für den Skorpion – verfügt einerseits über tödliches Gift und ist andererseits die Hüterin heilbringender Kräfte. Im Äskulapstab kennen wir sie als Symbol für Heilung.

Dabei verfügt der Skorpion über eine ausgeprägte Willenskraft. Sein Einsatz für eine Sache kann zur Selbstaufopferung, ja zur Selbstzerstörung führen. Mit Entschlossenheit, Beständigkeit und Tiefgang verpflichtet er sich bis zum Ziel.

Trägt der Skorpion eine Furcht vor diesen Wandlungsprozessen in sich, so versucht er, durch Kontrolle und mit Machtausübung die Fäden in der Hand zu behalten. Er kann schlecht Maß halten, aller Durchschnitt ist ihm zu lau, zu banal. Aber hinter dieser intensiven Leidenschaftlichkeit versteckt sich auch eine große Sensibilität und Verletzlichkeit. Er hat Angst vor Schwäche und Zurückweisung. Sein Gefühlsleben ist vergleichbar mit einem tiefen Kratersee: oben ist eine glatte Oberfläche, unten brodelt es. Von diesem Brodeln möchte er aber nichts preisgeben. Skorpione offenbaren ihr Gefühlsleben ungern

Schütze

Nach diesem Abstieg in die Hölle, nach der Konfrontation des Menschen mit seinen dunklen Seiten, nach der völligen Unterordnung der Persönlichkeit unter die Seele beginnt nun ein Aufstieg in den Himmel. Der Schütze steht in enger Verbindung mit dem griechischen Göttervater Zeus, dem Herrscher auf dem Olymp. Nach dem Durchgang durch das Schattenreich begibt sich der Mensch in eine geistige, klare und heile Welt, die sich ganz vom Irdischen gelöst hat.

Wir haben die Adventszeit. Die Sonne scheint nur noch acht Stunden am Tag. Die Dunkelheit ist lange, sehr lange. In der Natur regt sich kein Leben mehr. Nach dem existentiellen Kampf im Skorpion tritt nun eine Stille und innere Sammlung ein. Nach dem Todeserlebnis erwächst die Sehnsucht nach einer Kraft, die hinter allem steht und allem einen tieferen Sinn geben kann. Es ist die Hoffnung darauf, dass der Kosmos letztendlich gerecht ist.

Das drücken die Menschen in dieser Jahreszeit in den vielen adventlichen Riten und Symbolen aus. Trotz aller Dunkelheit weiß man: Die Geburt des Lichtes im Inneren rückt immer näher. Je dunkler das Außen, um so heller das Innen.

Nach der Krise im Skorpion und dem zunehmenden Sterben des Außen ist jetzt nicht nur Akzeptanz, sondern sogar große Vorfreude eingezogen. Die Seele hat die Vorherrschaft übernommen was den Menschen mit Zuversicht, Freude und strahlendem Optimismus erfüllt - typische Attribute des Schützegeborenen. Die Seele sagt dem Menschen: Fürchtet euch nicht, vertraut auf Gott, die Geburt des Lichtes steht unmittelbar bevor.

Im Märchen hat unser Held einen Weg aus der scheinbaren Ausweglosigkeit gefunden. Er darf wieder voller Hoffnung und Zuversicht sein, denn er steht kurz vor dem Erreichen seines Ziels. Oft hat der Held in diesem Stadium gnadenvolle Hilfe

oder irgend ein Geschenk bekommen, das ihm wie ein entscheidender Schlüssel auf den Weg bringt.

Schützen sind deshalb optimistische Menschen. Sie sind gern auf der Suche nach einem Ideal, nach Horizonterweiterung, nach Gott. Sie wollen immer weiter über sich und über die schnöde Welt hinauswachsen. Sie sehnen sich nach Positivem, nach Erfolg. Das kann im überzogenen Fall durchaus so weit gehen, dass sie sich weigern, eine Realität, die ihnen zu negativ wäre, überhaupt zur Kenntnis zu nehmen. Nach dem Motto: „Was ich nicht zugebe, das gibt es auch nicht!" Die dunkelsten und problematischsten Tatsachen kann der Schütze geradezu krampfhaft positiv interpretieren, so groß ist manchmal seine Scheu, vom Olymp herabzusteigen.

Sein Denken ist groß, ganzheitlich und großzügig, immer auf der Suche nach der Synthese in den verschiedenen weltanschaulichen Richtungen. Oftmals gibt er seine Erkenntnis nicht ohne ein gewisses Sendungsbewusstsein zum Besten.

Das Symbol für den Schützen ist der geflügelte Zentaur, das heißt, ein Pferdekörper mit einem geflügelten menschlichen Oberkörper.

Der Pferdekörper steht für die Instinktnatur, der menschliche Oberkörper für den kultivierten Menschen und die Flügel bringen seine spirituellen und geistigen Fähigkeiten zum Ausdruck, der Anteil im Menschen, der sich nach der Vereinigung mit etwas Höherem sehnt.

Steinbock

Und dann, wenn die Tage ihre kürzeste Dauer erreicht haben und das Tageslicht scheinbar ganz zu schwinden droht, an diesem Tiefpunkt in der Natur haben wir zugleich den Höhepunkt im Tierkreis erreicht. Neben unserem christlichen Weihnachtsfest feiern und feierten viele Völker, Religionen und Naturreligionen zu dieser Zeit ein Fest, das Ausdruck für die Geburt der Seele, des Lichtes, des Göttlichen im Menschen ist.

Die Entwicklung der Persönlichkeit war im Löwen abgeschlossen. Nun ist der Seelenmensch geboren. Ihm geht es nicht mehr um sich selbst, vielmehr sieht sich ein Seelenmensch immer als ein Teil eines größeren Ganzen, dem er mit großem Verantwortungsbewusstsein dient. Die Persönlichkeit wird nicht aufgegeben, vielmehr steht sie nun der Seele als stabiles Gefäß zur Verfügung, als Form, durch die sie ihre Kraft für etwas, was über die Individualität hinausgeht, einsetzen kann. Solange der Mensch in dieser Welt lebt, braucht er diese Form, denn wir leben in der Welt der Materie. Der Seelenmensch verleugnet diese Welt nicht, vielmehr sieht er klar und mit nüchternem Verstand seine Aufgaben darin und verfolgt ihre Erfüllung mit Disziplin und großer Zuverlässigkeit .

Dabei ist der Steinbock der Genügsamste im Tierkreis. Er braucht keinen Luxus, keinen Genuss. Wie die Bergziege, das Tier, das ihn verkörpert, am allerhöchsten hinauf klettert und dort ausgesetzt und in Kargheit lebt, so erklimmt der Steinbock die Gipfel im gesellschaftlichen Leben, die Gipfel der Pflichterfüllung, ohne viel für sich zu beanspruchen.

Auch die Natur ist um diese Zeit reduziert auf das Wesentliche. Es gibt nichts Überflüssiges, gar keine Fülle, gar keinen Schmuck. Es scheint wie tot.

Die Früchte, die der Mensch nach diesem Entwicklungsprozess ernten kann, die Eigenschaften, die er im Umgang mit all den Energien des Tierkreises erworben hat, setzt der Steinbock für etwas ein, was über ihn hinaus geht.

Dadurch kann ein klar gegliedertes, gut funktionierendes Kollektiv entstehen. Für dieses Ziel arbeitet der Steinbock mit Ausdauer und Beharrlichkeit. Er tritt mit seiner Person zurück hinter das, was gesellschaftlich anerkannt wird. Dabei sind ihm klare Wertmaßstäbe und Prinzipien wichtig, die er sich selbst und anderen auferlegt.

Der himmelstürmende Optimismus des Schützen wird eingegrenzt auf das Machbare. Idealismus wird zu Realismus.

Pflicht und Leistung stehen über persönlichen Interessen.

Wird das Steinbockprinzip in übertriebenem Maße gelebt, so wird daraus ein Mensch, der seine Individualität ganz zu Gunsten von äußeren Prinzipien oder dem Über-Ich aufgibt. Er vertritt das „man", die Konventionen, Tradition und überkommene Werte, ohne über deren Sinn und Aktualität nachzudenken. Im schlimmsten Fall können daraus gedankenlose Befehlsempfänger werden.

Im Märchen hat unser Held nun nach all den Irrungen und Wirrungen den „Stein der Weisen", das Heilkraut, das „Wasser des Lebens" oder die „blaue Blume" gefunden. Aber er will es nicht für sich, sondern er stellt es der Gesellschaft , dem Kollektiv zur Verfügung.

Wassermann

Nachdem der Steinbock Normen, Regeln, Gesetze und Prinzipien erfüllt und anderen ebenso auferlegt hat, kommt der Mensch im Stadium des Wassermanns in die Phase der Entwicklung, wo er sich davon wieder befreit. Der Wassermann ist der Narr – im positiven Sinn – er überschreitet die Norm. Er darf und soll das, und er macht es mit Weisheit und Humor. Der Wassermann liegt dem Tierkreiszeichen Löwe gegenüber. Nur der Hofnarr konnte, ohne Angst um seinen Kopf haben zu müssen, den König kritisieren.
Im Wassermann ist der größte Individual-ismus angesagt.
Wir haben die Faschingszeit. Alle Regeln werden umgekehrt. Schon im alten Rom feierte man zu dieser Zeit ein Fest, die sogenannten Saturnalien, wo einmal die

Sklaven die Herren spielen durften und die Herren sich den Sklaven unterordnen mussten.

Der Wassermann will als Individuum in seiner Einzigartigkeit anerkannt werden. Als solche erkennt er auch alle anderen an. Seine Aufgabe ist es, seine ganz individuelle Eigen-Art zu leben, ohne sich darum zu kümmern, dass ihn so manch andere dann als eigenartig empfinden werden. Es geht nicht mehr um die Prinzipien, Regeln und Normen von außen, die dem Steinbock so wichtig waren. Der Wassermann ver-rückt diese Gesetze und erlegt sich nun seine individuellen Regeln auf, die von den gesellschaftlichen Normen gänzlich verschieden sein können.

Ein historisches Beispiel für die Wassermannenergie ist die französische Revolution:
Die heilige, gottgewollte Ordnung der Hierarchie der Klassen wurde plötzlich in Frage gestellt und eine neue Maxime trat in die Welt, nämlich die Gleichheit aller Menschen. Für die damalige Welt war das ein ungeheuerlicher Gedanke!!

Der Wassermann wird aber nicht zu einem Einzelmenschen, der nur sich und seine Individualität leben will. Das war der Mensch im Löwestadium. Immer respektiert der Wassermann die Rechte und Freiheiten des anderen. Kein Tierkreiszeichen ist so sehr ausgerichtet auf eine Gruppe, in der Freiheit, Gleichheit und Brüderlichkeit herrschen.

Ihm geht es nicht – wie dem Steinbock – um das Erfüllen der Normen, er will die Reform des Bestehenden, notfalls die Revolution. Auf jeden Fall soll die Zukunft immer besser werden, als es die Gegenwart ist. Deshalb muss alles, was verknöchert und zu starr geworden ist, reformiert werden. Das Ziel ist eine bessere und gerechtere Welt, in der jeder seine Individualität leben kann.

Dem Wassermann sind geistiger Austausch und ein Freundeskreis wichtig. Ihm geht es um die totale geistige Freiheit. Nichts darf eingeschränkt werden. Weder bei ihm noch bei den anderen. Denn der Wassermann, der seine Seele nun verwirklicht hat, hat immer auch die anderen im Bewusstsein, die Gruppe, die Gesellschaft, den näheren oder auch weiteren Kreis. Und deshalb fühlt sich der Wassermann für dieses größere Ganze verantwortlich.

Dafür will er Fortschritt und Veränderung erringen. Dafür setzt er seine Ideale ein.

Bei einem Wassermann besteht aber auch die Gefahr, ohne darüber nachzudenken, geradezu unter Zwang, alles anders machen zu müssen als die anderen. Das ist dann der dumme Narr. Er lebt nicht seine Eigen-Art, er ist eigenartig.

Unser Märchenheld ist nun von seiner langen und beschwerlichen Reise zurückgekommen und stellt das, was er davon mitgebracht hat, dieses Etwas aus der anderen Welt, dieser Welt zur Verfügung.

Fische

Und dann kommt es in den Fischen zu einer endgültigen Verschmelzung von Seele und Persönlichkeit. Im Märchen ist das ausgedrückt in der Hochzeit von Prinz und Prinzessin. Die Dualität im Menschen ist überwunden, seine beiden Anteile kommen zusammen.

Diese große Sehnsucht nach der verlorenen Einheit, die den Menschen durch alle Zeiten begleitet hat, kann nun erfüllt werden. Der Mensch im letzten

Stadium seiner Entwicklung weiß, spürt und erfährt, dass er ein Tropfen im großen Ozean ist. Um das zu erreichen, muss alle feste Struktur, jegliche Sicherheit, der „Boden unter den Füßen" ganz aufgegeben werden. Die Persönlichkeit reduziert sich auf ein winziges Teilchen im großen Spiel. Sie scheint gleichsam bedeutungslos angesichts der Unendlichkeit des Universums.

Das Ich-Gefühl, alles, auf was wir stolz waren, alle Vorschriften, alle Ziele und Vorstellungen lösen sich auf. Dafür hat der Mensch zuverlässigen Zugang zu der inneren Stimme seiner Seele, die ihn lenkt und leitet.

Zu der Erkenntnis, dass der Mensch letztlich allein ist, solange er körperlich inkarniert ist, dass jeder in einer eigenen Form der Wirklichkeit lebt, die er mit keinem anderen Menschen teilt, kommt nun ein Wissen um eine alles verbindende Wahrheit und Wirklichkeit, die größer ist als Verstand und Logik.

Die Fische sind das Zeichen der großen Mystiker, die das Gefühl der Teilhaftigkeit am gesamten Universum und die Einheit mit Gott errungen haben.

Da aber nur wenige Menschen, darunter die bekannten großen Mystiker, diesen Zustand bereits erreicht haben, werden Fischegeborene häufig von großen Ängsten geplagt und klammern sich deshalb um so fester an soziale Strukturen oder materielle Sicherheit.

Auch verfügen sie über eine geringe Abgrenzungsfähigkeit und neigen dazu, sich zu sehr aufzuopfern. Das tiefe Mitgefühl kann zum Helfersyndrom werden.

Menschen mit Fischebetonung fühlen sich oft unverstanden oder sie verstehen sich selbst nicht. Sie sind äußerst sensibel, kreativ und musisch begabt mit hohem Einfühlungsvermögen.

Ihr Leiden an der Welt betäuben sie manchmal mit Alkohol oder Drogen, oder aber sie arbeiten intensiv an sich selbst mit großem Mut und Opferbereitschaft.

Die Wiederentdeckung dieser Ganzheit ist den Fischen das stärkste Anliegen. Man könnte das als eine Regression in den vorgeburtlichen Zustand verstehen. Aber aus einer spirituellen Sicht ist es eine mystische Sehnsucht nach der Vereinigung mit unserer Quelle und die Sehnsucht nach der unmittelbaren Erfahrung des Teilhabens an etwas Großem.

Es ist eine Art Heimweh nach dem Göttlichen.

In der Natur beginnt zu dieser Jahreszeit alles zu fließen. Das Eis schmilzt, der Winter zieht sich immer mehr zurück, wir nähern uns der Tag- und Nachtgleiche im Widder und alles richtet sich darauf ein, in einen neuen Zyklus einzutreten, der uns dieser göttlichen Quelle wieder ein Stück näher bringen wird.

Sylvia Kelber

Institut für angewandte, psychologische Astrologie

Individuelle Einzelberatungen

Ausbildung zum professionellen Astrologen

Villenstr.-Süd 17d

82288 Kottgeisering

Tel 08144/8335

www.sylviakelber.de

info@sylviakelber.de